RIKA

RIKA IZUMI
STYLE BOOK

003

CONTENTS

006　　Fashion Portrait

018　　**FASHION**
　　　　CASUAL / RETRO
　　　　LADY / STREET

028　　RIKA'S ESSENTIAL ITEM
　　　　DENIM / BLOUSE
　　　　SHOES
　　　　HANDBAG

032　　FAVORITE BRAND

034　　**MAKE - UP**
　　　　JUICY / HEALTHY / LADY

044　　SKINCARE RULE
　　　　BASE MAKE-UP RULE

046　　HAIR

048	**BODY** Lingerie Portrait	108	EPILOGUE
076	Rika's Perfect Body Checkup	110	SHOP LIST FASHION CREDIT STAFF
078	Rika's Body Care		
080	**LIFE** FOOD / ROOM BOOK, MOVIE, MUSIC JOURNEY / FRIEND		
092	**STORY** BACKGROUND / CAREER DESIRE / LOVE / RIKA Q&A		

I'll be forever charming.

014

018 ▶ PART1 | FASHION

F A S I O N

CASUAL / RETRO / LADY / STREET
RIKA'S ESSENTIAL ITEM / FAVORITE BRAND

幼い頃からおしゃれが大好きだった私にとって、毎日素敵な洋服に囲まれるモデルは最高の仕事。
けれど、10代から20代前半までは流行を追いかけることに必死で、自分に似合う似合わないは二の次。ブランドやトレンドのものにすぐ飛びついては、着こなせないものをたくさん買っていました。
25歳を過ぎた頃からやっと、洋服は自分らしさを魅せるもの。ということにようやく気付いたんです。
そうして私は、自分が本当に好きなもの、自分をより魅力的に見せてくれるアイテムを選べるようになりました。
クローゼットを開け、なりたい女性像をイメージしながら洋服を選ぶ時間。
今それが私にとって至福のひとときです。

LOOK1
ゆる系デニムには
あえてレディな
レーストップスと

メンズライクなデニムには、レースやホワイトを足して、ガーリーに演出。

LOOK2
インディゴデニムには
大好きな赤をきかせて

濃い色のデニムは、大人っぽく着こなすときに必要なアイテム。小物やヒールで赤を入れることが、レディに仕合げるポイント。

CASUAL
STYLE

LOOK3

デニムを羽織るだけで
おしゃれに仕合げてくれる

腕を通さず、肩に羽織るほうが好き。王道ガーリーなファッションに投入すれば甘辛ミックスに。

カジュアルできめたいときは、大好きなデニムをメインにコーディネート。
少し大人の女性らしく可愛いアイテムをプラスしながら。

RETRO
STYLE

LOOK1

お気に入りの
シャネルのローファー

シンプルにきめたいパンツ
スタイルのときこそ、足元
が大切。お気に入りの靴
を投入して。

ヴィンテージショップで出会った運命のアイテム。
ハイブランドのものはどんなに時間が経過しても魅力は消えない。

LOOK2

ヴィンテージブラウスで
フレンチガーリーに

パフスリーブ×ドットのガーリーアイテムにもかかわらず、上品で大人っぽいブラウスは、イヴ・サンローランのもの。ハイウエストのボトムと合わせて、フレンチレトロなコーディネートに。

LADY
STYLE

レディなスタイルに欠かせないのは
女性らしい色っぽさ。
それを引き出してくれるのが
意外性のあるミックスコーデ。

LOOK1
セクシーなクリスチャンルブ
カジュアルハットの意外性

華奢なルブタンのエナメル
のピンヒールは、カジュア
ルなドレスやハットと合わ
せて。エレガントさがより
増して、コーディネートを
たちまちセクシーに。

LOOK2
ワンピに デカリボン×シフォンフリル

レディなワンピをそのまま着ると少しキレイにまとまりすぎるけど、リボンを大きく結んで内側にシフォンフリルを忍ばせたら、キュートなスタイルに様変わり。

LOOK3
ハンサムハットとのギャップは ガーリーなレーシー服で演出

王道・白レースのワンピには、ハンサムな小物をプラスして、洗練された大人レディ風に。想像もできないサプライズなコーディネートこそ、女らしさを際立てる魔法。

LOOK1
カジュアルガーリーな
コーディネートに
キャップでいたずら心を

爽やかでキュートなフレンチガーリーファッションに、どこか懐かしい印象のボーイッシュなキャップをちょこんとのせて。おしゃれ上級者なストリートガールにシフト。

STREET
S T Y L E

ストリートカジュアルを愛らしく着こなす。
カジュアルなスニーカーとメガネに、キレイ色をプラスして。

LOOK2

メガネとスニーカーで
オフコーデ

メガネにスニーカーにショートパンツ。リラックス感があるのにさりげなく女の子らしい雰囲気を漂わせるスタイルが、最近お気に入り。

女性らしさをプラス
してくれるアイテム

BLOUSE

ブラウスは、いろんなシーンで活躍してくれる、ワードローブの定番。一目ぼれで買うことが多いです。

Alexander Wang

deicy me

ZARA　　JOVONNISTA　　Yuge

長く使いたいからシンプル
で質のいいものを

HAND BAG

基本的に荷物は少なめ。長く飽きずに使えて、ファッションにも合わせやすいシンプルなデザインのものが多め。

FASHION

RUFFLE KNIT

ONE-PIECE

FAVORITE BRAND

MIIA

いくつになってもガーリー気分でいたいっていう、女性の気持ちを受け止めてくれるブランド。大人可愛い服がいっぱい。

ROMPERS

COMBINATIONS

SPECIAL COLLABORATION

034 ▶ PART2 | MAKE-UP

M
M A K E - U P

JUICY / HEALTHY / LADY
SKINCARE RULE, BASE MAKE-UP RULE
HAIR

美容は小さい頃から大好き！ 幼い頃から、母の香水が香るドレッサーに座っては、真っ赤な口紅をくるっと回して、幸せな気分に浸っていました。メイクにはいろんな力があると思っています。可愛さを足してくれるメイク、自信がないときに背中を押してくれるメイク、新しい自分に出会えるメイク。メイクとともに心が高ぶっていく感じが、たまらなく興奮する。女性にとってメイクとは、自分でかけられる魔法だと思っています。
私が気をつけていることは、ふたつ。まず素材を生かすこと。顔のどこも濁らせたくないから、最低限のカバーはするけれど隠しすぎない、盛りすぎない。〝透明感〟こそ私のキーワードだから！ それと目に光を入れること。まつげはビューラーで根元から丁寧に、そして繊細にマスカラを塗るんです。瞳に光を取り込み反射させてあげると、メイクをより引き立たせてくれる輝きが生まれるから。
いつでも突き抜けた魅力をもつ女性でいるために、メイクを味方につけていろんなメイクで、いろんな里香に出会いたいと思っています。

WET

血色感だけじゃなく みずみずしさをON

口紅を塗った唇の中央には透明感の高いグロスをたっぷり。高い血色感とツヤ感が出せる練りチークを頬骨の高い位置に横長＆濃いめに広げて、顔全体のみずみずしさをUP。

キッカ
フラッシュブラッシュ 07

キッカ
メスメリック
グロスオン13

>> RULE OF

JUICY FACE

ケイト
カラーラッピング
ルージュ RD-1

キャンディーカラーを使った
透明感のあるジューシーなメイク。
いつだって可愛くいたいから
キュートでハッピー感のあふれる
女の子を楽しんで……

EYE

目元は優しげに仕上げて 唇とチークの質感を強調

濡れたような質感になる淡色ピンクをアイホールにのせ、キワには茶でラインを引いて引き締め。目尻の下側に鮮やかなピンクをちょこんとのせて、守りたくなるピュアアイに。

RMK
カラーパフォーマンス
チークス02

ルナソル
スパークリング
ライトアイズ05

日差しがまぶしくなる春夏は

開放的で素直な女の子っぽく。

吸い込まれるような

透明感メイクで

キュートガールを気どって!

〝メイク感がないのに

引き込まれる美しさ〟

究極のセクシーは

ヘルシーさの中にある……

EYE

**目元は基本カラーレス
だけどパーツ＆骨格は強調**

目元はナチュラルブラウンでほんのり陰影をつけ、キワだけに濃いブラウンを。アイラインもブラウンでまつ毛の間を埋める程度に。眉はしっかり描いて骨格を強調。

ケイト
ブラウンシェード
アイズ BR-1

》RULE OF
HEALTHY FACE

すっぴんのようでありながら
クリーンな美しさと
強さが共存する
私のナチュラルメイク。
力を抜いて自然な笑顔を魅せるときに

キッカ
フラッシュブラッシュ
パウダー 05

ケイト カラーラッピング
ルージュ　OR-2

キッカ メスメリック
グロスオン 10

CORAL

**自然血色カラーを使えば
肌なじみ抜群なのに華やか**

頬と唇の赤みとツヤでヘルシーを演出。コーラルは肌に自然になじむから、思い切って鮮やかなもので。チークは広めにふわっと、リップグロスは中央多めに。

042 ▶ PART2 | MAKE-UP

EYE

アイラインは長めにして赤みを足してセクシーに

上まぶたにゴールドの光沢、目尻側の下にボルドーをプラスすることで、レディに不可欠な品格と色気が。ブラウンのアイラインを長めに引いて、甘すぎない大人の顔に。

RMK
パフォーマンス
アイズ 04

》RULE OF
LADY FACE

これが私の大人フェイス♥
素敵な場所でのディナーや
女性であることを楽しむ時間は
ほんのり甘くて色っぽいメイクに

キッカ メスメリック
リップスティック06

キッカ
メスメリック
グロスオン11

LIP

レディの色っぽさは
リップの甘みで決まる！

唇はレディなレッド。鮮やかだけどクリアな発色の赤リップをしっかに塗って、上からグロスをうっすらかぶせる。輪郭ははっきりさせすぎないのがポイント。

きちんと感と色気が

両立するこの顔なら

可愛いだけじゃない

大人の女性の魅力を

引き出してくれる

044 ▶ PART2 | MAKE-UP

～里香の自慢！～
ぷりもち肌のつくり方実況中継

「肌色が明るくてすごくキレイ」ってよく言われるけど、特別なことはしていません。
ただ、すっぴんでもメイクをしても、透明感ともちもち感は失わないよう心がけています。

SKINCARE RULE

☑ 基本ケアは日々丁寧に　　☑ マッサージで巡らせる　　☑ 日焼け止めは絶対！

朝夜のスキンケアはスチーマーをつけながら

たっぷりの化粧水を何度も何度も重ねづけ

気になる目元に保湿＆しわ防止の美容液を

乳液をなじませながら優～しくマッサージ♪

クリームもマッサージをしながら塗ってるよ

最後は耳の後ろのリンパもしっかり流します

透明感のための日焼け止めまでがスキンケア

RMK UVリクイド
ファンデーション 102

キッカ
ラヴィッシンググロウ
メイクアップベース
トーンアップ

水分がたっぷり詰まっていると、
それだけでもっちり感触のツヤ肌に♥
スキンケアしたてのツヤ感を
損なわないように薄塗りで仕上げる
ナチュラルなベースメイクが私の定番！

BASE MAKE-UP RULE

☑ 超〜薄塗りで自然に　　☑ コンシーラーは最小限　　☑ 肌色に合ったものを

みずみずしいツヤ感を下地で仕込んでおくよ

ファンデは顔の中心に塗って外側にのばして

指の腹で細かいところも丁寧に塗り込んだら

スポンジで軽く叩き込むと、ツヤが出るし密着

クマがある日はコンシーラーはブラシでON

指でトントンとなじませると自然に隠せます

吹き出物もコンシーラーでしっかりとカバー

小さくて薄いシミやそばかすは消しません！

パウダーはブラシでTゾーンにだけのせ終了

女である以上

最高のアクセサリー

だと思っているほど

重要なパーツ。

柔らかくてツヤのある

しなやかなヘアが理想

>> RULE OF
HAIR

どんな服でも似合わなくてはいけない
という仕事上、
ある程度の長さは必要だし、
大きなヘアチェンジもなかなかできない。
だからその中で、小さな変化を
実は頻繁に楽しんでいるの♥

― アレンジ ―	― サロン ―	― ケア ―	― タイプ ―	― スタイル ―
## Arrange	## Salon	## Care	## Type	## Style
ふだんよくするのはポニーテール。高すぎないところでゆるくまとめて。プライベートでは毛先だけ巻いたり、あえてクセのある部分にスタイリング剤をもみ込んだりして、無造作ヘアにします。	最近は「BEAUTRIUM」の川端さんと「Lóness」の本田さん。メンテナンスは前髪カット2週間に1回、カラーリングは3週間に1回、カットは1カ月半に1回。	洗い流さないトリートメントオイルを濡れた髪になじませてから、ドライヤーをかけています。シャンプーなどは基本的にノンシリコン。ヘアカットと一緒にトリートメントでケアしています。	1本1本が細くて、ほんの少しクセがある柔らかめの髪質。仕事柄、毎日何度もアイロンで巻いてヘアスタイルをチェンジするから、傷みは避けられないのが悩みかな。	小さいときからずっとセミロングからロングの間でいきしてるかな(笑)。ファッションに合わせていろんな表情が出せる前髪と、立体感&透明感の出るカラーが、私のこだわり。

048 ▶ PART3 | BODY

B
BODY

Lingerie Portrait
Rika's Perfect Body Checkup
Rika's Body Care

「どうすれば理想のキレイな体になれるんだろう」
これまでありとあらゆるダイエットに挑戦しては、失敗の連続でした。極端な食事制限、寝るだけダイエット(数日間ひたすら寝て空腹感を紛らわすだけ。ふくらはぎの筋肉も落ちるかなって(笑))。一時は減量するけどすぐにリバウンドの繰り返し。さらにジムに通っても、かえって筋肉で体が膨張して現場スタッフに「太ったね」と言われる始末……。
いつでも妥協することもできた。だけど、こんなんじゃプロとして失格だと一発奮起！　モデルとして体づくりを真剣に考え、週に3〜5日のペースでパーソナルトレーニングを始めることに。こうなりたいと思ったら、そのパーツのトレーニングを強化し、さらに食事の勉強をして、バランスの良い食事をとるようにしました。そうしてようやく、私の理想とするボディラインに仕上がってきたんです。

054 ▶ PART3 | BODY

少しずつ自分の体を

好きになってきた

丸みのあるカラダに

自信が持ててきた

その小さな自信を少しずつ積み重ねて

理想に近づいていく

058 ▶ PART3 | BODY

洗いたてのリネンにくるまって

寝ている時間が一番幸せ

064 ▶ PART3 | BODY

ランジェリーにしかない

繊細なレースの美しさが好き

068 ▶ PART3 | BODY

自分のカラダの長所を伸ばし磨くこと

そして愛してあげること

それがわたしのカラダ作り

074 ▶ PART3 | BODY

柔らかさとしなやかさを兼ね備えたメリハリボディ

Rika's Perfect Body Checkup

日々のトレーニングとケアでつくり上げた
今の体が、これまでの人生の中で一番好き。

WAIST

薄く引き締まった
カービーライン

あらゆる腹筋と背筋を鍛え続けて
手に入れた、シャープでありながら
しなやかな弧を描くくびれ。そして
完璧なまでに引き締まったお腹の薄
さ。ボリューミーなバストと丸みの
あるヒップをより引き立たせるポイ
ントとして、特に念入りにトレーニ
ング。私の自慢のウエスト。

BUST

視線を惹きつける
ボリュームと丸み

日本で可愛いブラを見つけるのは難しいサイズ。その大きさをキープしながら、ブラがなくても美しい形でいられるためにやっていることは、バストアップはもちろん、同じくらいの背中のトレーニング。背筋を鍛えることで姿勢がよくなり、後ろから筋肉という天然のブラで引き上げられるから。柔らかな質感は、ボディオイルを使った、毎日のマッサージでのお手入れのたまもの。

HIP

こだわっているのは
丸み

くびれから美しい弧を描くヒップは女性らしさが特に宿る部分。でもボリュームアップよりは、程よい大きさで完璧なまでにキュッと上がっていて丸みがあるヒップが理想。ジムでも自宅でも、ヒップアップエクササイズは特に念入りに。柔らかさに加え、なめらかさも大切だから、スクラブや引き締め系のボディケアアイテムでマッサージを。

ラインはもちろんだけど、肌の質感はもっと大切

Rika's Body Care

思わず触れたくなる肌質になるために心がけているのは、吸いつくようなもっちり感。透明感があり潤いに満ちていて、なめらかで柔らかい。一度触れたら忘れられない肌が理想。

In bath

「お風呂で使うものは、香りのいいものを選んで、五感から心も同時にリラックス。代謝を上げるソルト系と香りがよくて保湿力の高いオイル系を選ぶことが多め。必死にがんばってやるというより、心を満たして楽しくお手入れ」

THREE ハーバル バス ソープ AC 120g ¥2,310／THREE

SABON ボディスクラブ L〈ラベンダー・アップル〉600g ¥5,500／SABON Japan

SABON バスソルト〈バニラ〉250ml ¥2,500／SABON Japan

ジョー マローン バス オイル 250ml ¥9,000／ジョー マローン ロンドン

Out bath

「マッサージがてら保湿は、お風呂上がりの習慣。撮影続きで疲れているときや時間がないときは保湿アイテムを塗り込みながら簡単に済ませてしまいがち。余裕があるときは引き締め効果の高い美容液を使って念入りにマッサージしてから保湿」

クラランス トータル リフトマンスール EX 200g ¥7,000／クラランス

レ・メルヴェイユーズ ラデュレ ヴァイオレット ボディ ミルク 190ml ¥3,880／レ・メルヴェイユーズ ラデュレ

UV

「透明感に欠かせないのは、日焼け止め。毎日、外で長時間撮影をしているし、仕事中は日傘をさすわけにもいかない。そのため、仕事でもプライベートでも、外出するときは、全身くまなく保湿力の高い日焼け止めを塗ってからお出かけ」

アリー エクストラUVジェル〈ミネラルモイストネオ〉90g ¥2,800／カネボウ化粧品

フリープラス UV ボディ プロテクター N 50ml ¥2,500／カネボウ化粧品

080 ▶ PART4 | LIFE

L I F E

FOOD / ROOM / BOOK,MOVIE,MUSIC
JOURNEY / FRIEND

"大好きなモデルの仕事ができていること"、"家族と何気ない会話を楽しんでいること"、
"大好きな友達との笑いが絶えない時間"、"ふとした何気ない瞬間"。
こんな日常生活の中にあふれた沢山の幸せで、私は十分満たされている。そもそも幸せって、人にしてもらうものじゃなく、自分で自分にしてあげられるものじゃないかな。だから、今の自分を愛せるようになるだけで、どんなに小さなことでも幸せを感じることができると思っている。
幸せは自分次第なら、私は自分自身を愛せるようになるための努力を重ねていく。そして、私を支えてくれている人たちを幸せにするためにも、これからも努力をし続けたい。

082 ▶ PART4 | LIFE

食べるの大好き！ 料理するのも大好き！

FOOD

食べたいものを食べて、美ボディや美肌をキープ！
ストレスフリーの食生活を、お見せします！

基本的に自炊。料理は得意！
Rika's Kitchen

母のお手伝いで身につけた料理の腕。和食からお菓子まで、
基本的に何でも作ります！ ひとりでの食事は自炊と決めています。

納豆は大好き。大豆は美肌にも効果的なので、積極的に食べてます。

焼き魚はよく食べます。特に鮭はアンチエイジングにいいと聞いたので、頻繁に食べてます。

母にお願いして京都から送ってもらっているお漬物。定番かな。

おみそ汁は絶対にダシからとります。鰹節×煮干し、または鰹節×昆布で。

ミネラルが豊富で栄養価も高いので、ご飯は玄米か雑穀米。

LOVE EATING ♡ LOVE COOKING ♡

最近の手料理！ 料理は気分転換でもあるかな。サラダからお肉料理までいろいろ作るけれど、盛りつけを考えるのが好き♡

仕事ずくめの1週間をパパラッチ

1 Week Food Diary

撮影中は出前やロケ弁が多く、自分の食べたいもので調整ができないので、
朝や夜でバランスを。この週は夜の外食が多かったけど、普段はほとんど自炊。

	breakfast	lunch	dinner
mon 朝・昼はしっかりだったので、夜は軽くお蕎麦を			
tue 夜、食事の予定があったから朝は軽めに抑えて			
wed 夜は友達と餃子パーティーなので、朝は軽め			
thu 外食が続いたあとは、湯豆腐でカロリー調整を			
fri 朝も昼も、積極的に野菜をとるのを心がけて			
sat 夜の焼き肉に備えて、朝と昼はあっさり少なめ			
sun 家では野菜を意識的に。サラダはド定番！			

シンプルが好き
ROOM

母が家に来ると、「いろいろ早くそろえなさい」って言われるくらい
シンプル。間接照明くらいのライティングが、すごく落ち着く。

Living room

色がほとんどない、モダンで広々とした感じ。
基本的にソファとテーブル以外は何もない。
飾っているものといえば写真集やアート本だけ。

Kitchen

調味料なども基本的には収納。よく使うものしか置いていません。
お気に入りはコーヒー好きすぎて買ったエスプレッソマシン！

Bathroom

キレイになる場所はキレイにしておきたい。
だから基本的に白を基調に
清潔感のある香りでそろえています。

Bedroom

疲れを確実に癒せる、
ベッドでは
大きな枕に囲まれて
寝るのが大好き。

In room
plant

いつもどこかに
お花を飾るよう
心がけています。
大きな観葉植物をもっと
沢山置きたいけれど、
今はこの大きさ。

ときめきをくれる、大好きなもの（たち）
BOOK / MOVIE / MUSIC

リフレッシュさせてくれたり、夢の世界に連れて行ってくれたり
私にとってひとりの時間は、心を磨いて満たしてあげられるとき。

Book

話題の小説もマメにチェックするけど、
よく読むのは好きな作家さんのエッセイと小説。
洋書売り場で海外の雑誌を買うことも。

『FLY, DADDY, FLY』
金城一紀／私物
金城一紀さんの作品は大好きで全部読みました。新作が出たらすぐ買っているけれど、読み始めたら止まらなくなる。

『火花』
又吉直樹／私物
話題になった又吉さんの作品。面白くてあっという間に読み終わりました！

『肩ごしの恋人』
唯川恵／私物
唯川恵、江國香織、村山由香、林真理子の恋愛小説やエッセイは大好き。

『キングダム』
原泰久／私物
やめられない！とまらない！主人公の男気溢れる格好良さに惹かれます。

『VOGUE』
／私物
海外に行ったら、その国のファッション誌を三冊くらい買って帰ります。

Movie

早く撮影が終わった日にひとりでふらりと映画館に行くことも。映画は本当に大好き。古い映画も好きだからDVD鑑賞も多いです。

『ロミオ&ジュリエット』
ブルーレイ発売中
／20世紀フォックス ホーム
エンターテイメント ジャパン
©2012 Twentieth Century Fox Home Entertainment LLC. All Rights Reserved.

レオ様。ハイ、大好きです(笑)。レオナルド・ディカプリオの出演作はほぼ見てる。その中でもこの作品は、何度見てもキュンキュンが止まらない！ 今すぐ恋したくなる1本です。

『華麗なるギャツビー』
ブルーレイ ¥2,381＋税／
DVD ¥1,429＋税／
ワーナー・ブラザース・ホームエンターテイメント

華やかで終始ゴージャス！ストーリーはもちろん、衣装や世界観がたまらない。

『サイド・エフェクト』
ブルーレイ(スチールブック仕様)：
¥4,700＋税 DVD：3,300円＋税
発売・販売元／松竹
©2012 Happy Pill Productions.

ルーニー・マーラーの演技がすごく好き。大好きで映画館に2回見に行きました。

『お熱いのがお好き＜特別編＞』
DVD発売中／
20世紀フォックス ホーム
エンターテイメント ジャパン
©2012 Metro-Goldwyn-Mayer Studios Inc. All Rights Reserved. Distributed by Twentieth Century Fox Home Entertainment I.I.C.

マリリンのキュートセクシーさは色あせない。作品を見るたびすっかり恋します。

『マイ・インターン』
【初回仕様】ブルーレイ＆
DVDセット(2枚組／
デジタルコピー付)：¥3,990＋
税／ワーナー・ブラザース・ホームエンターテイメント

最近とても心に残った作品。大切な事に改めて気付かされました。

『BAD』
マイケル・ジャクソン
／ソニー・ミュージックジャパンインターナショナル

初めてPVを見たのは中学生の頃かな。パフォーマンスが凄すぎてそのときから夢中になりました！ なかでも、『can't stop loving you』『you rock my world』がお気に入り。

Music

iPhoneに入れている大好きな曲のなかから、朝、目覚めたときに頭に流れていた曲を選んでお出かけするのが日課です。

『アンオーソドックス・ジュークボックス』
ブルーノ・マーズ
／ワーナーミュージック・ジャパン

一回聴くと耳に残る、ブルーノ・マーズの曲はハマる！

『V』マルーン5
／ユニバーサル
ミュージック

どの曲もいいけど、最近は『Suger』。このMVが大好き！

『HAPPY』
ファレル・ウィリアムス
／ソニー・ミュージックジャパンインターナショナル

タイトル通り、HAPPYに気分があがる曲。

『ライク・ア・ヴァージン』
マドンナ
／ワーナーミュージック・ジャパン

この時代の音楽は、サウンドが可愛くて大好き。

休みが取れたらご褒美＆心のお洗濯で海外に

JOURNEY

海外に住みたいくらいだけどそういうわけにもいかないので、
1年に2〜3回、海外旅行に。自分へのご褒美かな。

 UNITED STATES

HAWAII

よく行く定番の場所。ハワイの空気感が好き！
特にプランは立てず、ゆったりとビーチで過ごして、
夜はドレスアップして美味しいご飯とおいしいお酒を頂くのが定番。

FRANCE
PARIS

憧れだったPARIS。街も人も物も、すべてがおしゃれ。
美術館をたくさん回った後は、おいしいパンや、スウィーツ、
可愛いランジェリーや小物などを求めて街を沢山歩いた。

THAILAND
BANGKOK

モデル友だちと行ったバンコクは、料理が最高！
スパやエステ、お買い物三昧の毎日が楽しくて、
女子旅を満喫！

素の自分のまま何でも話せる最高の女友だち

FRIEND

プライベートの親友から芸能界の頼れる仲間まで、
「出会えて幸せ!!」と感謝してやまない大好きなみんな。

〝頼れる仲間〟がいるから、私はいつだってがんばれる。
私の宝物です

14歳の芸能界デビュー以来、たくさん人と仕事をしてきたけれど、テレビドラマ「美少女戦士　セーラームーン」で出会った4人は、同世代というのもあり、今でも大の仲よし。

芸能界の先輩であり仲間のような感覚で、この世界では「一番心を許しあえる友達」と言っても過言じゃない。

同世代の女子4人だからこそ話題が多くて、仕事の話も、恋愛の話も全部共有してきた。みんな考え方が違うし意見も違う。だけど、すごく気が合うんです。

みんなそれぞれ忙しく仕事をしているけど、誰かの誕生日になれば決まって集合！　最低でも年に5回は会ってるかな？　私がこの中で一番年下ということもあって、お姉さま方に頼り切っているところもたくさん…♡　これからもいっぱい甘えます♡（笑）。

プライベートで大の仲良しは同じ大学だった友達。同じクラスで仲良くなった友達がいて、その子を介して同じ大学の友達がどんどん増えました。いまでは大親友♡

旅行に行ったり、会えるならほんのちょっとでもお茶したり、お互いの家の行き来をしたり。会えなくてもチャットのようにラインをして、彼氏か!?って思われそうなほど（笑）。

私のオフの前の晩、4～5人で集まってお酒飲んで、どうでもいい話で大騒ぎする、まさに女子会！　この時間は私が心から素になれる本当に楽しい時間。この友達に出会えただけで大学に行った価値があると思ってる。私の大好きな親友です。忘れもしない、朝起きたらグループLINEが600件以上溜まっていた事は、、、（笑）。

DEAR RIKA

戦士会

message from
女優
沢井美優さん

みんなに愛されてる末っ子里香。5人で集まる時に順番で幹事をするんですけど、幹事をやらないので安座間美優ちゃんに怒られたり(笑)。本当になんでも言い合える仲ですね。反省した里香、可愛かったです♥

message from
モデル
安座間美優さん

里香、スタイルBOOK発売おめでとう♡ 里香が中学生の頃から知ってるけど、その頃から変わらない。無邪気で自由ではっきりしてる(笑)。私の可愛い妹♡ 昔から、2人でプリクラやデジカメで意味もなく変な顔ばかり撮って遊んでたから、里香との写真はまともな顔をしているものがあまりない(笑)。それくらい、里香とは何でもないことでも全力で楽しめて、涙が出るくらい笑うことが多いよね。おばあちゃんになっても一緒に笑っていようね(^^)

message from
女優
北川景子さん

里香へ。スタイルブック発売、おめでとう♡出会った時は里香が中学生で、私は高校生だったから、いつまでも私にとって里香は可愛い妹のような存在です。出会った時、こんなに可愛いお人形さんのような子がいるんだ…!と衝撃を受けたこと、今でも忘れないよ(笑)。大学に行きながらモデルを続けたり、モデルとしても何事にも手を抜かない、ストイックで堅実な里香の存在は日本中の女の子の憧れだと思います。これからも里香らしく輝き続けてね!

message from
女優
小松彩夏さん

私達の可愛い妹、里香・スタイルBOOK発売おめでとう!! 里香は出会った12年位前から、無邪気で自由!! 私達5人集まると1人1人が自由人だけど、その中でも里香はずば抜けています!!(笑) 悩んだり、落ち込んだりしていても、とにかく、いつも笑顔で誰からも愛される里香は私達のアイドルです。これからも可愛い、可愛い妹で居てください…

S
STORY

BACKGROUND / CAREER
DESIRE / LOVE / RIKA Q&A

幼い頃の写真を見ると、どれも女の子らしい可愛い服ばかり。ここには載せきれなかったけれど、ドレスを着た写真も沢山あるんです。母はとてもおしゃれな人なので、5つ年上の姉からのおさがり服を着せなかったのだと思います。幼稚園児にして、「あれが着たい！」と主張をする子だったのは、そんな母の影響があるのかも。

おしゃれへのこだわりは服だけにとどまりません。わずか4歳にして、母に「こういう髪型にしたい」とヘアアレンジのおねだりをし、美容室でパーマをかけてもらっていたほど。周りの人たちから「里香ちゃんはいつも可愛くしてるね」と、褒められることに得意になっていたし、ますますおしゃれが楽しいと思うようになっていたんです。

そんな〝おしゃれ大好き〟が、今はおしゃれな洋服をたくさん着て、さまざまなヘアやメイクをすることを仕事にしている。本当に天職だな、と思っています。

history...

ママ大好きの甘えんぼ

about
BACK
GROUND
生い立ち

話しちゃうにゃん♪

いつも母にべったりとくっついている、甘えんぼだった私。5歳年上の姉とその1つ下の兄とは、年が離れているためになかなか一緒に遊んでもらえず、私の遊び相手といえばいつも母。といっても、母のやることをずっと見ていたり、マネして一緒に洗濯ものをたたんだり、お掃除したり、お料理したり……。どれも当時の私にとっては〝おままごと〟だったけれど、今の私が料理も掃除も好きなのはその影響かな？と思ってる。

私、子供の頃からわりと負けず嫌いで。
幼稚園のときプールが大の苦手で、顔を水につけるのが怖くて先生にすごく怒られたことがある。その恐ろしさからお風呂で水を張った洗面器に顔をつけて練習をしてたな。これが私の初コソ練（笑）。私のコソ練してでも徹底的にがんばる性格は、ここから始まったのかもしれない。

5歳から仕事を始めるまで、ピアノ、習字、水泳、

もうすでに里香の顔だ

ポージングしてる〜っ

昔の写真は
笑顔ばっか

公文、英会話、日本舞踊……と毎日おけいこがあったので、幼稚園や学校にいる時間以外で遊んだ記憶はほとんどない。じゃあ休日は何をしていたかといえば、母とお菓子作りや手芸！ やっぱりいつでも母にべったりだった。

いつものように母と一緒に京都の四条河原町へお買い物に行った、中学2年生のある日。モデル事務所の方にスカウトをされ、この世界に飛び込んだ。最初は習い事のひとつという感覚で始めたけれど、初めて受けたオーディションで、雑誌『melon』の専属モデルに抜擢されることに。「週末は東京でおしゃれな服を着てメイクしてもらって、可愛く撮ってもらって楽しい！」「東京に行ってたら、いつか東京ディズニーランドに行けるかな～」という感覚しかなかったな（笑）。

でも、あるオーディションの合格で状況が一変！ それが、2003年からテレビ放送された『美少女戦士セーラームーン』のセーラーマーキュリー役。幼稚園の頃、本当になりたかったセーラー戦士になれたのはうれしかったけれど、演技の勉強をしたことがなかったため何をどうしたらいいかわからず、日々監督に怒られ「どうやって逃げ出そう」とそればかり考えていたな（笑）。でも、そんなことは全く言い出せない状態で、ただがむしゃらに挑戦してた。

仕事で東京にいることが増え、京都に帰るのは定期試験のときだけという、中学2年生にして東京にひとり暮らしする状況に。母がマネージャー代わりとなり、東京と京都を行き来してくれて。今思うと両親に本当に感謝の気持ちでいっぱいです。

高校2年生の後半に仕事が落ち着き、ようやくゆっくり高校に通えるようになって。私は真面目な性格で定期試験などはしっかりと押さえていたので（笑）、希望の大学に進学することができた。

大学進学で再上京したとき、東京の芸能事務所に所属はしていたけれどほぼ仕事がなく、大学では英語の勉強をして、居酒屋でアルバイトをして、友だちとカフェでおしゃべりして、って普通の女子大生をやっていたよ。20歳までは、ね。

プリめちゃ
撮ったニャ

about CAREER
モデルとして

大学1年生の終わり頃。「またモデルの仕事がやりたいな」と思っていたとき、事務所の人にお願いして雑誌『mina』の編集部へ顔見せに連れて行ってもらった。そしたら数日後、『mina』の隣に編集部があった『Ray』から急に撮影の電話を頂き、撮影が決定。こうして、20歳になった私にまたモデルのお仕事のチャンスが巡ってきた!!

『Ray』の最初の撮影は、端っこのほんの小さな1カット。撮影現場では、『melon』のときと同じようにポージングをして笑ってみたものの、スタッフは誰も言葉をくれず、指示すらされなかった。ただひと言、すごく冷たい声で「動けてない」と言われただけ。完成した雑誌を見て、愕然。全然可愛くない。

で、悔しくて始めたのが家でのコソ練。『Ray』で着そうな服とハイヒール、小さいハンドバッグを買ってきて、全身ミラーの前でそれを着ていろんな表情のバリエーション、いろんなポージングをひたすらとって研究する日々……。レギュラーモデルですらなかった私が、もし次に現場に呼ばれなくなってもそれは当たり前のこと。とにかくできることは全部やり、努力を重ねた。必死だったな。

その後、やっと依頼がきた2回目の撮影も、自分なりに努力をして撮影に挑んだものの、編集さんの合格レベルには達していなかったんだと思う。また重い空気のまま現場が終わってしまった。

でも、コソ練を始めて約5カ月後。やっと毎月撮影に呼ばれるようになり、撮影日も増えてきた。写真の大きさも徐々に大きくなり、1年たった頃には専属モデルにしていただき、少しずつ大きな企画も任されるように。「今日の企画の扉ページ、里香ね」と言われたときの嬉しさは、今でも覚えてる。

思い返せば、昔の私は「いかに可愛く写るか」というのが先に立ち、「服を見せる」というモデルの仕事の根本をわかってなかった。

先輩モデルと並んで撮影ができるようになってからは、仕事がもっともっと楽しくなったし、モデルとしてのプライドを持つようになった。「誰よりも可愛く服を見せたい」「単独の表紙がやりたい」「『Ray』でトップにたちたい」って、私の負けず嫌いの性格がますます出てきて、コソ練も過熱(笑)。ただ、モデルという仕事が好きすぎて、がむしゃらに過ごしていたかな。

『Ray』にデビューして5年経過した頃には、先輩モデルと表紙デビュー。また広告モデルとしての指名も1位になり、「里香ちゃんが着ると洋服が売れる」と言われるように。6年目には『Ray』の単独表紙を飾り、『Ray』を代表するモデルになれた。

『Ray』でやりたかったことは達成できたけれど、その次は……? そのうち、モデル・泉里香の将来について真剣に考えるようになって。

そんなとき声をかけてくださったのが、雑誌『美人百花』。有名タレントさんや、トップモデルしか出ることができない人気雑誌に、私も出られる!? モデルとして道が開けた!って思った。

about
DESIRE
これから…

　20歳から5年間、勢いと流れと、『Ray』の顔になりたいという気持ちだけで走ってきたけれど、25歳で『Ray』モデルとしての目標を達成してきたのをきっかけに、将来を考えるようになった。

　背が高い方ではないし、甘めの顔立ちの私が、大人の服を着こなすことができるのだろうか？でもそれは不安というより、自分を見つめ直す機会であったし、自分の強みや弱みをどう活かすのかを改めて考えさせられた時期。そして自分を理解できたときから、自分に自信を持てるようになった気がする。

　そんなとき、偶然的にもめぐってきた『美人百花』でのモデルの仕事。私の弱みだと思っていた高くない身長や甘い顔が、現場のスタッフにも読者にも受け入れてもらうことができ、泉里香の〝大人可愛い〟を表現できた。

　雑誌が替われば表現の仕方も変わると思ってはいたけれど、『美人百花』での撮影は、撮られ方、表現の仕方が『Ray』とは全く違った。『Ray』では洋服や企画の世界観を表現することが多かったけれど、『美人百花』はその服を着て女性を演じる。今の私は、さまざまなシーンを与えられるたび、その状況や気持ちを想像して、感情を表情や動きにのせて、いろんな女性を演じきる。どういう意外性をもたせた表現をするか、いかにカメラの向こう側をドキッとさせられるかを考えながら、日々カメラ前でポージングをする。

　最近ようやく、自分の中で「本当にモデルになれた」「やっと泉里香として勝負できる時期が来た」って毎日ワクワクしてる。たとえるなら、『Ray』時代がステージ1の基礎編で、これからが実力を試せるステージ2の実践編ってところかな(笑)。

ここ数年、いろんなお仕事をしてきたけれど、私の職人魂が一番騒ぐのは、モデル。「写真という静止画の一瞬の中に、いかに素敵な時間を詰め込むか」「見る人の想像を掻き立てる画に仕上げるか」、そこにこの仕事の魅力を感じてる。モデルの仕事は私にとっての生きがいであり、アイデンティティーの一部。もし結婚して子どもができたとしても、この仕事はやめないと思う。40歳になっても女性らしい〝可愛らしさ〟を追求して、いくつになっても、欲をいえば50歳、60歳になっても、だれよりも可愛いらしいが似合うモデルでいたい(笑)。

これからの夢？　ん〜、小さい頃から美容が本当に大好きだから、それにかかわる仕事をしていきたい‼　ビューティー撮影の現場の集中力で張りつめた雰囲気が、ファッションの撮影現場と違ってすごく興奮するの。そして、オトナ可愛いを体現する美のアイコンになりたい。

about LOVE
恋愛について

「恋愛？苦手です」

　ドキドキしたいし、キュンキュンしたい！　でも、いざ、おつき合いを始めようとなると、なぜか躊躇してしまうのです。モテないわけないでしょ？とも言われるけれど、追いかけられると、構えてしまうところもある。それに彼氏という存在になった瞬間からなぜか苦手意識がわいて、逃げてしまうんです。
　「いい人かもしれない」……そう思って食事に行っている間に、男友達になってしまうことも少なくない。その関係のほうがずっと楽しいし、ずっとラク。だって、永遠に失わないと思ってしまうから。

　恋愛に対してかなり小心者の私。きっと昔の恋がトラウマになっているからかな。
　昔、彼と1年くらいつき合ったある日のこと。
　いきなり一方的に別れを告げられたんです。年上の彼で、いつもいろんなことを教えてくれて刺激的で楽しかった。心から信頼していたし、好きだった。だからこそ別れるということが信じられなくて、毎日「なんで!?」って言葉が頭の中をぐるぐる回ってた。頭も心もぐちゃぐちゃになって、落ちるところまで落ちて、すぐには立ち直れなかったな。
　まだ私が若かったというのもあって、私が無邪気に自分を出しすぎていたのかもしれない。私が素直

男性との距離の縮め方がわからないの
もしかしたら、私、こじらせ女子⁉

になれなかったからかもしれない。

　そうしてひとつの恋が終わりました。

　それからの私は、彼という存在の人に対して、何をどこまで言ってよいのか、どういう距離感を保てばいいのかわからなくなったのです。

　連絡手段は、何か伝えたいことがあっても、感情の高ぶりで話しすぎてしまわないよう、LINEやメールにしてしまう。文章を考えてから送れるから、これなら言いすぎてない、甘えすぎてないっていう調節ができるから。

　彼に「会いたい」なんて、なかなか言えない。その言葉を私の口から出すなんて到底難しい。

　私の場合、過去のトラウマと、もともとの末っ子気質で、ちょっと甘え始めたら加減がわからなくて無邪気に甘えてしまいそうな気がしていて。

　何をするにも自分の中で考えてブレーキをかけてしまう。何か発言したあとも、余計なこと言ってないかなとか考えすぎてしまう。私の考えすぎっていうのもわかっているけれど、また同じ思いをするのが怖くて、どんどん閉じこもってしまう。

　相手が同性だったら「今、こうしてほしいだろうな」と、心の中をある程度読むことができるけれど、相手が男性の場合、何を考えているのか全く読めない。読む努力をしてみては、余計な深読みしすぎてしまって、しまいには自爆。

　相手がなんだか不機嫌なときには、「私、何かいけなか

ったのかも？」「何が原因だったかな？」って感じでずっと頭が錯乱状態に。

恋人といると、楽しいこともいっぱいあるのはわかっているけれど、一緒にいればいるほどダメになるってイメージが先立ってしまい、あまり一緒に過ごしてはいけないと思ってしまう。

私の恋愛の心はだいぶもろくなったみたいです（笑）。

昔はなんでも言えたのにな。

本当は、自然体でなんでも言い合える関係が理想。「何で怒ったの？」って聞いたり、「私、今の傷ついた」って伝えたり。相手の心を読むというよりは、お互い理解し合い、深く思い合う関係。そんな恋愛苦手病に感染してしまったというのもあって、今はもう恋愛相手というよりは運命の相手に出会いたいっていうのが本音。いつか王子様が私を迎えに来てくれるのを、じっくり待っているところ。

理想の王子様は、誠実で男らしくて、私を幸せいっぱいに包み込んでくれる人。一緒に無邪気に遊んでくれる親友であり、私の仕事の話に参加してくれるパートナーであり、いつまでも私を守って愛してくれる恋人。

私、女の子らしいと見られがちですが、男前ってよく言われるくらい実はっきりとサバサバした性格。だから、素敵なそんな王子様に出会えたときは、私が彼を世界で一番幸せにしてあげたいって思っています。

運命で結ばれた王子様……早くお迎えに来ないかなぁ～♥

about
RIKA Q&A
―― みんなの聞きたいこと ――

Q. どうやってモデルになったの?
A. 中学2年生のときに、地元・京都でお母さんとお買い物中にスカウトされて。

Q. 部活は何をしていましたか?
A. 吹奏楽部でサックスを吹いていました。

Q. 自分の顔で一番好きなパーツは?
A. 自分的には、「目」♥ 最近は「おでこ」の丸みが可愛いっていわれることも多いから、新しいチャームポイントにしようかな。

Q. どんな高校生だった?
A. 芸能活動で学校に行けないときがあったけど、勉強はがんばって、内申点とテストの点数はちゃんと取ってた(笑)。おしゃれは大好きだったけどメイクを始めたのは2年生あたりからかな。『Seventeen』を読んでた! 鈴木えみちゃんや徳澤直子ちゃん、木村カエラちゃんのファンだった。

Q. 一生かけて叶えたい夢は?
A. 自分を幸せにしてあげること♥

Q. 20代前半と後半、自分のどこが変わった?
A. 自分自身の強みと弱みを受け入れたことで、自信が持てた気がする。

Q. 理想とする人は?
A. 表情が豊かで、芯があって、強くて、華がある女性が理想。人物でいうなら……マリリン・モンローが大好き。

Q. 女性らしい可愛い美声のために、何か気をつけていますか?
A. えーっ! 全然自分の声をそんなふうに思ったことないけど、意識していることといえば口角を上げて笑顔で話すことくらいかな。

Q. がんばった自分へのご褒美は?
A. 旅行! でも、休みがなかなか取れないから、そのときは「もの」になるときがある。今度のご褒美にしようと思っているのは、ちょっと前から狙ってるバッグとジュエリー。

Q. 笑顔の源は?
A. 毎日〝楽しい〟と心がけること。私にとって仕事も大好きなことだから、自然と写真は笑顔になるの。

Q. いちばん幸せを感じるときは?
A. 寝てるとき(笑)。寝るのが大好きなの。ベッドの中でぬくぬくして……二度寝とか最高。

Q. 何をしているときが楽しい?
A. 何げなく過ごしている毎日が、すごく幸せで楽しいかな。朝起きて、仕事に行く……それだけで十分。

Q. 里香ちゃんの考える「可愛い」って?
A. 愛嬌かな。それがあるだけで可愛い。

Q. 自分を見失いそうなとき、周りに飲み込まれそうなとき、どうやって自分を維持してる?

A. いつもマイペースでいることかな? あと、ポジティブでいること。

Q. 最近好きなファッションアイテムは?

A. デニム!! パンツだけじゃなく、トップスも。微妙に違う感じのものをいっぱい持ってる(笑)。あと、靴!! スニーカーからピンヒールまで、これもたくさんあるんだけど、美しいデザインの靴って見ているだけで気分が上がる。

Q. どんな感じの服が多い?

A. 基本的にシンプルなデザインのものが多いかな。鮮やかな柄のものはそんなに持ってないから、クローゼットの中は、意外にシンプルに見えるかも(笑)。

Q. 「座右の銘」は?

A. 願えば叶う!!

Q. 人生哲学は?

A. 幸せって何だろう……(笑)。

Q. 洋服はどこで買うの?

A. セレクトショップが多いかな。店員さんの話を聞いて、情報収集もしながら選んでる。

Q. 香水って使ってる?

A. シーンに合わせて使うこともあるけど、好きなのは軽めのフローラル系かな。甘すぎるのは苦手なの。

Q. おしゃれのヒントはどこから?

A. 海外雑誌や、コレクション、あとは洋画とかから。

Q. お洋服は何着持ってるの?

A. えーっ!! わからないな……。とにかく、クローゼットからあふれるくらい(笑)。断捨離して減らさなくちゃ!って思ってる。

Q. 今まで一番の無駄遣いは?

A. 洋服かな。昔、自分に似合うかどうか、コーディネートができるかどうかを考えないでトレンドを追いかけたり、可愛さだけで買ったりしたものが、山のように……。そういうものに限って高かったから、いまだに捨てられない(笑)。

Q. 髪はどこでカットしているの?

A. 最近は「BEAUTRIUM」の川端さんと「Lóness」の本田さんにお願いしています。

Q. スタイル維持はどうやっているの?

A. パーソナルトレーニングジムに通っています。この本の撮影のときは毎日行っていたけど、普段は週3〜5回かな。

Q. 衝動買いする?

A. 昔は本当によくしちゃってて、無駄遣いしたな。今は〝計画的な衝動買い〟。基本的に我慢はしないけど、何でもかんでも買わずに計画性を持って買ってる。

Q. 靴は何足持ってるの?

A. とにかくいっぱい! 捨てられないの、靴は特に。ひと目ぼれして買ったのに一度も履いていない靴がい〜っぱいある(笑)。

Q. 美を保つ秘訣は?

A. とにかく鏡を見る! 家でも仕事場でも、着替えるとき、必ず全身を鏡に映して見ています。

Q. ストレス解消法は?

A. 絶叫マシン! 特にジェットコースター。「富士急ハイランド」ですごいやつに乗ったら、疲れも悩みも、ぜんぶ忘れちゃう(笑)。

PART5 | STORY

Q. 休みの日は何してるの？

A. 撮影は早朝からが多いので、休みの日は遅くまで寝ています(笑)。1日しかない休みなら、ネイルとかヘアとかエステとか、メンテナンスだけで終わっちゃうことが多いかな。お買い物とかは仕事帰りとかメンテナンスの帰りに行くことが多いかも。

Q. 早起きするコツは？

A. 規則正しい生活！とか言いながら私もなかなかできませんが、毎日、早起きして早朝からのロケ撮影にきちんと行けているのは、前の日に早く寝ているから。だいたい5時には起きないといけないので基本的に、21時から22時には寝るようにしているんです。寝るのが好きだからね(笑)。

Q. 寝るときは何を着てるの？

A. パジャマが好き。

Q. お酒は何が好き？

A. 焼酎のお茶割り、ビール、日本酒、ワインも飲むよ。

Q. 疲れまくったときにはどうしてる？

A. 休みが取れるなら、やっぱり温泉に行きたい！でも忙しいときは、空いた時間に岩盤浴やマッサージに行くくらいしかできないかな。

Q. 朝起きたら、まず何をしてる？

A. 白湯(さゆ)を飲んでます。

Q. 平均睡眠時間は？

A. できれば9時間眠りたい!!　撮影続きの忙しいときは、平均3時間ってときもあります。そのかわり、休みの日は12時間や16時間寝てる、なんてことも！(笑)

Q. よく使うLINEスタンプは？

A. 毒舌あざらし
うさまる6
ブスのスタンプ2

©sakumaru/LINE
©JELLYFISH

Q. 好きな飲み物は？

A. コーヒー！　カフェラテかブラックで、多い日で1日3杯くらい飲んでるよ。セブンイレブンなどのコンビニコーヒーも好きだし、ロンハーマンのカフェやストリーマー、トーク＆カムアゲイン、リトルナップなどのカフェのコーヒーも好き。仕事の帰りに、コーヒー片手に公園を散歩してる。

Q. コーヒーを飲んでいるときは何しているの？

A. ぼーっとして、ひなたぼっこ(笑)。コーヒータイムはスイッチが完全にオフ。だから、自分のことを考えない時間にしてる。

Q. 恋をするとどうなる？

A. ハッピーになる♥
絶対に、私の周りにピュンピュンってハートが飛んでる〜っ(笑)。周りの人にすぐ気づかれそう。

Q. 男性のどんなしぐさにキュンとくる？

A. 守ってくれるしぐさ。

Q. どんなデートが理想？

A. 普通に手をつないでデート♥
ドライブも大好き。

Q. 恋愛でマンネリになってきたらどうする？

A. 悲しいよね、マンネリ……。長くつき合っていたら絶対にそうなるだろうから仕方ないのかもしれないけどなるべく避けたい！ちなみに私は、「つまんな〜い！」とか「楽しいことしよ！」って、自分の気持ちをちゃんと伝えるほう。もやもやしていても解決はしないし。

Q. 男性からの褒め言葉でうれしいのは？

A. ギャップがいいね♥
私、見た目と違って結構、サバサバしているので、そんな私のほうがいいねと言われるとうれしい。

Q. デートの日の勝負服は？

A. 好きな服を着ちゃうけど、やっぱりワンピ!?

Q. ドキッとさせるしぐさの王道は？
A. 自分が言われたわけじゃないけど、「上目遣いにキュンときた！」と男性が言っていたから、いつか私も使ってみよう、その技(笑)。

Q. 結婚願望はある？
A. もちろん！ いつか運命の人がお迎えに来てくれるのを待っています(笑)。

Q. 恋愛は待つタイプ？ 押すタイプ？
A. 待つだけ、ってことはしない。興味がある人には少し押してみるかな(笑)。

Q. 好きな食べ物は？
A. お肉♥ おすし。
焼き肉にも時々行くけれど、牛タンとか赤身ばっか食べています。

Q. 愚痴とか言う？
A. こうしたほうがいいとか建設的&前向きに考える。

Q. 彼にカチンときたとき、どうしますか？
A. カチンの顔をする。それから、どうして私が怒っているのかを、ちゃんと伝えて討論。そういうの、ちゃんと話さないでわかってもらおうなんて無理だからね。

Q. 今、恋してる？
A. してる〜♥

Q. ぶっちゃけ、モテるよね？
A. モテなくはないのかな〜？

Q. 理想の男性は？
A. 男らしい人。

Q. お気に入りのカフェは？
A. テラスがあるお店が好き。撮影が早く終わったら、ひとりでフラッと行っちゃう。

Q. 旅行で行ってみたいところは？
A. 世界中行きたいところはいっぱいあるけど、世界遺産を巡る旅っていうのもいいな。

Q. 将来、子どもにはどんな名前をつけたい？
A. 男女どっちでも、里香と同じラ行をつけたいな。ランとかレンとか。もしくは、2文字ではないけど流れるような名前、たとえば、リョーとかリューとかでもいいかも。

Q. 小さいころの夢は？
A. お菓子屋さん。お花屋さん。セーラーヴィーナス。

Q. 一番大切なものは？
A. 家族！ 父と母、兄、姉、私の家族ラインで毎日しゃべっているしマメに会ってる。姉とは頻繁にお茶したり、お買い物したり。最近は甥っ子が生まれたので姉の家に遊びに行っています。兄とは食事にたまに行くのだけど、待ち合わせ場所で「お待たせー」とかいいながら後ろから抱きつく、っていう「カップルの待ち合わせごっこ」を楽しむのが定番。それくらい仲よし。

Q. 里香って名前の由来は何ですか？
A. 小さいころ、お姉ちゃんに「リカちゃん人形のリカだよ」と言われて、それを信じていたんだけど(笑)。実際は、地元の神社につけていただいた名前の中から両親が選んでくれたもの。字数とかで選ばれたものだったけど、すごく気に入っています。

Q. お気に入りのパワースポットは？
A. 実家！(笑)

Q. 京都に帰ったら、必ず行くところは？
A. 京都駅 八条口にある辻利の抹茶ソフトは、京都にいる間に絶対に1回は食べに行く！

Q. 自分自身をどんな人だと思ってる？
A. 天真爛漫の自由人。
計画的に物事を進めたい真面目さゆえ、小心者で心配性でビビリっていう一面も(笑)。

「夢は必ず叶う」

私がいつも心に留めている言葉です。

私だけのこの一冊が出せたこと。
また一つ、私の夢が叶いました。

決して楽ではありません。
毎日じゃなくても良いから、
とにかく努力を重ねること。
自信は持てなくても、自分を信じてあげること。
そうやってここまで歩いてきました。

わたしはこれからも
次の夢を叶えるためにまた歩きだします。

泉　里香

SHOP LIST & FASHION CREDIT

FASHION

American Apparel ☎ 03・6418・5403
imac ☎ 03・3409・8271
CA4LA ショールーム ☎ 03・5775・3433
Cher ☎ 03・5457・2261
CherShore ☎ 0467・33・2198
ジャスグリッティー ☎ 03・3408・7230
ジュエルチェンジズ 新宿店 ☎ 03・5909・3641
ジュエルチェンジズ 横浜店 ☎ 045・444・5235
スローブ イエナ 渋谷店 ☎ 03・5456・6972
ダイアナ 銀座本店 ☎ 03・3573・4005
ダイアナ アモロサ 渋谷店 ☎ 03・3477・7331
deicy 代官山 ☎ 03・5728・6718
バロックジャパンリミテッド ☎ 03・6730・9191
BCBGMAXAZRIA JAPAN ☎ 0120・591・553
FRAY I.D ルミネ新宿 2 店 ☎ 03・6273・2071
Priv. Spoons Club 代官山本店 ☎ 03・6452・5917
ぼこあぼこ ☎ 03・3477・5006
MULLER ルミネエスト新宿店 ☎ 03・3359・3390
Mila Owen ルミネ新宿 2 店 ☎ 03・6380・1184
MIIA ☎ 03・6826・8651
Ravijour ルミネエスト新宿店 ☎ 03・3358・7790
LAGUNAMOON ☎ 03・5447・6537
リランドチュール ☎ 03・6894・8611
Lily Brown ルミネエスト新宿店 ☎ 03・6457・8555

BEAUTY

RMK Division ☎ 0120・988・271
カネボウ化粧品 ☎ 0120・518・520
SABON Japan ☎ 0120・380・688
ジョー マローン ロンドン ☎ 03・5251・3541
THREE ☎ 0120・898・003
レ・メルヴェイユーズ ラデュレ ☎ 0120・818・727

FASHION CREDIT

表紙、P.35 〜 39
白トップス／ジャスグリッティー　フープピアス／imac

P.2 〜 3、P.54 〜 59
ピンクファーショール、ビスチェ、ショーツ／以上スタイリスト私物

P.6 〜 9
ブルーレースキャミソール／ Lily Brown　チュールスカート／スタイリスト私物　黒レースアップパンプス／ダイアナ（ダイアナ 銀座本店）

P.10 〜 13
フィットフレアワンピース／ American Apparel　ウサギ耳カチューシャ／スタイリスト私物　黒レースアップパンプス／ダイアナ（ダイアナ 銀座本店）

P.14 〜 17、P.108 〜 109
ピンクレースロングワンピース／ BCBGMAXAZRIA（BCBGMAXAZRIA JAPAN）

P.19 〜 20下、P.31
トレンチコート、デニムパンツ、バッグ／以上本人私物　ボーダーカットソー／ル モンサン ミッシェル（スローブ イエナ 渋谷店）　キャスケット／CA4LA（CA4LA ショールーム）　パンプス／ダイアナ アモロサ（ダイアナ アモロサ 渋谷店）　バンダナ／スタイリスト私物

P.20 上、P.28
白レーストップス／ CherShore　ファーロングベスト／ ON THE ROAD、コンチョチョーカー／ love strength(ともに Cher)　デニムパンツ／本人私物　ウェッジサンダル／ガイモ（スローブ イエナ 渋谷店）

P.21
G ジャン／ MULLER（MULLER ルミネエスト新宿店）赤ニット／ SLY（バロックジャパンリミテッド）　ストライプフレアスカート／ジュエルチェンジズ（ジュエルチェンジズ 横浜店）　白ショルダーバッグ／ FLYNN（ジュエルチェンジズ 新宿店）

P.22
グリーンノースリーブニット／ RIM.ARK、グレーストライプパンツ／ MOUSSY(ともにバロックジャパンリミテッド)　ハット／deicy（deicy 代官山）　リュック、ローファー／ともに本人私物　サスペンダー／スタイリスト私物

P.23、P.29
ドットブラウス、チェーンバッグ／ともに本人私物　黒ジャ
ンパースカート／SLY（バロックジャパンリミテッド）　カ
チューシャ／CA4LA（CA4LA ショールーム）

P.24
プリントレースワンピース／BCBGMAXAZRIA
（BCBGMAXAZRIA JAPAN）　ボルドー中折れハット
／CA4LA（CA4LA ショールーム）　白クラッチバッグ／
FLYNN（ジュエルチェンジズ 新宿店）　パンプス／本人
私物

P.25上
ベージュオーガンジーアシンメトリーワンピース／FRAY
I.D　ピアス／スタイリスト私物　リボンパンプス／本人
私物

P.25下
白レースアシンメトリーワンピース／BCBGMAXAZRIA
（BCBGMAXAZRIA JAPAN）　白ハット／センシ スタジ
オ（ジュエルチェンジズ 新宿店）　パンプス／本人私物

P.26、P.30
白ショートタンクトップ／FRUIT CAKE（Cher）　グリー
ンフレアスカート／LAGUNAMOON　デニムキャップ／
CA4LA（CA4LA ショールーム）　厚底エスパドリーユ／
本人私物

P.27
パープルフリンジニット／Bianca's closet(Cher)　ショー
トパンツ／本人私物　ローカットスニーカー／コンバース
（ジュエルチェンジズ 新宿店）　めがね／スタイリスト私物

P.32〜33
白オフショルフリルニット￥6,900、ハイウエストスキニー
デニムパンツ￥7,900、花びらピアス￥2,300、フラワー
カットパンプス￥13,000／以上MIIA
ギンガムチェックシャツワンピース￥9,800、ハット
￥5,500、ベージュクロスストラップパンプス￥12,000
／以上MIIA
花柄コンビネゾン￥8,900、ボルドークロスストラップパ
ンプス￥12,000／以上MIIA
デニムロンパース￥12,000、トートバッグ￥8,500、フラ
ワーピアス￥2,900、ストラップコルクサンダル￥12,000
／以上MIIA
ブルー花柄ワンピース（里香コラボ）￥12,000、バッグ（里
香コラボ）￥7,900、キャメルストラップサンダル￥12,000
／以上MIIA

P.40〜41
ブルーオフショルトップス／リランドチュール

P.42〜43
花柄メッシュワンピース／BCBGMAXAZRIA
（BCBGMAXAZRIA JAPAN）

P.46〜47、P.78〜79、表4
黒レースロンパース／deicy（deicy 代官山）

P.49、P.53、P.73
ピンクスリップ／スタイリスト私物　白ブラセット／
Ravijour（Ravijour ルミネエスト新宿店）

P.50〜51、P.64〜67
白シルクレースガウン／Priv. Spoons Club（Priv.
Spoons Club 代官山本店）　白チュールブラセット／
Ravijour（Ravijour ルミネエスト新宿店）

P.60〜63
白ニット／スタイリスト私物　ベージュニットショートパン
ツ／Priv. Spoons Club(Priv. Spoons Club 代官山本店)

P.68〜69
ストライプシャツ、黒ボディスーツ／ともに Priv. Spoons
Club（Priv. Spoons Club 代官山本店）

P.70〜72、P.74〜75
黒レースブラセット／Ravijour（Ravijour ルミネエスト新宿
店）　黒シルクレースサスペンダートップス、黒シルクレース
ショートパンツ／ともに Priv. Spoons Club（Priv. Spoons
Club 代官山本店）　黒リボンガーター／ぽこあぽこ

P.81、P.94〜97、P.100〜107
白Tシャツ／Mila Owen　ハイウエストデニムワイドパ
ンツ／Lily Brown　黒ロゴキャップ／LONE WOLFS
（Cher）　黒チュール付きニット帽、王冠／ともに CA4LA
（CA4LA ショールーム）　めがね、赤サングラス、チェッ
クサングラス／以上スタイリスト私物

P.86
白パーカ／American Apparel　ルーズデニムパンツ／
LAGUNAMOON　ファースリッパ／Priv. Spoons Club
（Priv. Spoons Club 代官山本店）

P.93
白ワンピース／本人私物　チェックキャスケット／CA4LA
（CA4LA ショールーム）

P.98〜99
黒リボンワンピース／ジャスグリッティー

RIKA

PHOTOGRAPH	菊池泰久 (vale.) [cover、P.35 〜 47、P.79] 曽根将樹 (PEACE MONKEY) [P.2 〜 3、P.10 〜 13、P.49 〜 77、P.86] 江原英二 (NOSTY) [P.6 〜 9、P.14 〜 17、P.19 〜 27、P.32 〜 33、P.81、P.93 〜 109] 志田裕也 [still]
STYLING	筒井葉子 (PEACE MONKY)
HAIR & MAKE-UP	犬木愛 (Agee) [cover、P.35 〜 47、P.79] 高橋里帆 (Three Peace) [P.2 〜 3、P.6 〜 17、P.19 〜 27、P.49 〜 77、P.86、P.108 〜 109] 神戸春美 (ビーグリー) [P.32 〜 33、P.80 〜 81、P.93 〜 107]
DESIGN	今村麻実 (ATOM ★ STUDIO) 新井悠美 (ATOM ★ STUDIO)
TEXT	秋葉樹代子
EDIT	南昌明
ARTIST MANAGEMENT	菊池美紀 (STARDUST PROMOTION) 水野智史 (STARDUST PROMOTION)

RIKA

2016 年 4 月 28 日　第一刷発行
2017 年 1 月 18 日　第四刷発行

著　者	泉里香
発 行 者	角川春樹
発 行 所	株式会社角川春樹事務所 〒 102-0072 東京都千代田区九段南 2 の 1 の 30 イタリア文化会館ビル 5F
電　話	03・3263・5306 (編集部) 03・3263・5881 (営業)
印刷・製本	凸版印刷株式会社

本書を無断で複写複製することは、法律で認められた場合を除き、著作権の侵害となります。
万一、落丁乱丁のある場合は、お取り替え致します。

ISBN978-4-7584-1283-4 C0076

©2016 Rika Izumi　角川春樹事務所 Printed in Japan